RASTREIO COMPORTAMENTAL PARA ADOLESCENTES AUTISTAS

MARINA ZOTESSO | MAYRA GAIATO
RODRIGO SILVEIRA | LIDIANE FERREIRA

RASTREIO COMPORTAMENTAL PARA ADOLESCENTES AUTISTAS

nVersos

Sumário

Apresentação 7

Introdução 9

Capítulo 1 11
Autismo, Adolescência e Análise do Comportamento Aplicada (ABA)

Capítulo 2 19
Habilidades Comportamentais para a Adolescência

Capitulo 3 23
Metodologia de Construção e Principais Objetivos do Rastreio

Capítulo 4 25
Análise, Seleção e Mensuração das Habilidades Comportamentais no Rastreio à Adolescência

Capítulo 5 31
Rastreio Comportamental para Adolescentes no Espectro Autista: Compreensão, Aplicação e Correção

Considerações Finais 39

Referências 41

Anexos 46
Checklist de Rastreio Comportamental para Adolescentes Autistas

Apresentação

É com muita alegria que trago até vocês este livro, fruto de uma colaboração dedicada entre quatro pesquisadores excepcionais do Instituto Singular que, ao longo de anos de estudo, pesquisa e muita prática, encontraram soluções e estratégias para cuidar ainda melhor de pessoas com Transtorno do Espectro Autista (TEA).

O nosso propósito é um só: oferecer algo útil e acessível para o maior número de pessoas possível que compartilhem conosco a missão de cuidar ainda melhor dos adolescentes autistas. Sejam profissionais da área da saúde, da área da educação, estudantes, pais, familiares e cuidadores... Todos podem se beneficiar desse conteúdo, feito com tanto carinho, para potencializar o desenvolvimento dos nossos jovens.

A transição da infância para a adolescência é um momento cheio de transições e descobertas que, quando somadas às questões e características do autismo, podem ser ainda mais desafiadoras. Neste livro, exploramos de forma cuidadosa e embasada as transformações comportamentais que costumam aparecer ou ganhar força durante esse período tão importante. O objetivo é que você, que cuida ou faz parte da rotina desses adolescentes, possa entender melhor essas adversidades e se sentir mais preparado para oferecer o apoio que eles precisam.

Ao final, apresentamos um instrumento de rastreio pensado especialmente para ajudar na identificação e avaliação das principais habilidades comportamentais de adolescentes com TEA. Este guia prático foi criado com muito cuidado para ser uma ferramenta confiável e fácil de usar, permitindo que você personalize e enriqueça ainda mais o acompanhamento dos jovens que estão sob seus cuidados.

Espero de coração que este material seja útil para você e que ele ajude não só no seu dia a dia, mas também no crescimento e bem--estar dos adolescentes com quem você se importa tanto.

Mayra Gaiato

Introdução

A adolescência é um período de profundas mudanças, marcado por uma série de desafios que vão desde o desenvolvimento físico até a construção da identidade pessoal. Para adolescentes no Transtorno do Espectro Autista (TEA), esses desafios podem ser ainda mais complexos, exigindo uma compreensão cuidadosa e estratégias de apoio específicas. Este livro foi criado com o objetivo de explorar essas particularidades, oferecendo uma análise das habilidades comportamentais que emergem ou se transformam durante essa fase tão crucial do desenvolvimento.

Ao longo deste livro, reunimos conhecimentos teóricos e práticos, embasados nas mais recentes pesquisas, para fornecer uma visão abrangente sobre o comportamento dos adolescentes com TEA. Pesquisadores do Instituto Singular, dedicados e experientes na área, colaboraram para construir um conteúdo que seja, ao mesmo tempo, rigoroso e acessível. Estamos profundamente comprometidos em apoiar profissionais, educadores e famílias na jornada de entender e promover o desenvolvimento saudável desses jovens.

A adolescência é uma fase repleta de oportunidades para o crescimento e a construção de habilidades que serão fundamentais na vida adulta. No caso dos adolescentes com TEA, identificar e fortalecer essas habilidades é essencial para garantir que possam enfrentar os desafios com resiliência e confiança, assim, esse material não apenas descreve essas habilidades, mas também oferece ferramentas práticas para avaliá-las e desenvolvê-las de forma eficaz.

No capítulo final, você encontrará um instrumento de rastreio, que foi cuidadosamente elaborado pelos presentes autores que fazem parte do Instituto Singular, e serve como um guia para profissionais na identificação e acompanhamento das principais habilidades comportamentais dos adolescentes com TEA. Este recurso foi desenvolvido para ser uma ferramenta prática e confiável, facilitando o trabalho dos profissionais e garantindo que os jovens recebam o apoio adequado em sua trajetória de desenvolvimento.

Esperamos que este livro seja uma fonte valiosa de conhecimento e um recurso útil em sua prática diária. Acreditamos que, ao aprofundarmos nossa compreensão sobre o comportamento dos adolescentes com TEA, estamos contribuindo para um futuro mais inclusivo e promissor para esses jovens.

Capítulo 1
Autismo, Adolescência e Análise do Comportamento Aplicada (ABA)

O Transtorno do Espectro Autista (TEA) pode ser compreendido como uma condição do neurodesenvolvimento, tendo como principais características, defasagens na comunicação e na interação social, bem como apresenta padrões de comportamento restritos e repetitivos (APA, 2013). A literatura comporta um expressivo número de pesquisas na área do autismo, abordando definições e atualizações do tema, teorias e estratégias terapêuticas de intervenção, essa expansão sobre a dedicação científica ao tema se justifica pelo aumento crescente de casos diagnosticados com TEA, todavia, os trabalhos apontam com predominância o destaque para a infância, seja pela identificação precoce, como para as intervenções nos primeiros anos de vida (Al-Beltagi, 2023; Dawson et al., 2023; Girianelli et al., 2023; Klin, 2023; Nisar & Haris, 2023; Okoye et al., 2023; Pires et al., 2024).

A importância do enfoque científico seja de cunho teórico ou prático para os primeiros sinais de atrasos do desenvolvimento é inquestionável, uma vez que bebês e crianças com estimulação precoce de habilidades esperadas dentro dos marcos do desenvolvimento etário e que se encontrem em defasagem, apresentam maior evolução comportamental quanto aos seus avanços gerais e específicos. Todavia, o desenvolvimento humano é contínuo, e olhar para outros períodos etários é contribuir para a autonomia e qualidade de vida ao longo de cada etapa da vida.

Nesse sentido, o período da adolescência carece de um olhar para suas particularidades, sejam elas cognitivas, comportamentais e/ou sociais, uma vez que tal momento da vida é conhecido pelas intensas e inúmeras modificações hormonais, corporais, além da definição da personalidade que envolve um viés emocional. Embora um período desafiador na vida dos adolescentes e de quem convive com os mesmos, a adolescência é um momento crucial para a futura formação e definições na fase adulta. Sendo esse um momento de tamanha relevância no histórico de qualquer indivíduo, com dificuldades e desafios aumentados quando se encontram no espectro autista.

As características comportamentais do TEA se iniciam na infância e se estendem ao período da adolescência e da vida adulta, podendo apresentar diferenças em cada etapa, principalmente de acordo com os cuidados e intervenções recebidos. Todavia, o autismo não tem cura, as dificuldades e desafios em períodos etários fazem parte do crescimento e evolução do ser humano.

Os desafios comportamentais para jovens no espectro autista, em sua grande maioria, apresentam-se em topografias diferentes, uma vez que o ambiente e as variáveis sociais se modificam para cada fase da vida. Sendo assim, entre as principais demandas percebidas na literatura para os adolescentes encontram-se as habilidades sociais, autonomia, comunicação assertiva, interação em grupos distintos, sexualidade, entre outras.

Um dos grandes marcos no período da adolescência encontra-se nas dificuldades de interações sociais, uma vez que elas estão em um nível avançado no comparativo a infância, com temas distintos, comunicação com gírias, busca por aceitação em grupos sociais e interesses em pares. Além de questões que envolvem preconceitos e *bullying*, em especial em ambiente escolar, e dificuldades para plena aceitação social e igualdade.

É fato que o autismo não tem cura e não queremos prender o adolescente a padrões sociais invisíveis, queremos dar mais alegria, confiança e independência nessa nova etapa. Por isso existe a intervenção comportamental, para melhora de habilidades e, consequentemente, da qualidade de vida e busca da autonomia do paciente.

Sendo assim, as intervenções devem ser iniciadas a partir da identificação dos primeiros sinais de atrasos, independente se percebidos logo na primeira infância, possibilitando a prevenção de atrasos e prejuízos, ou se notados somente na adolescência ou fase adulta. Não importa quando foram identificados, a intervenção inicia-se nesse momento.

A terapia não se limita a infância, nem tão pouco se inicia exclusivamente enquanto criança. A maior importância se encontra na realização da intervenção sob a ótica comportamental, seja ela iniciada na infância ou continuada na vida adulta, pois independente de seu crescimento, o desenvolvimento é contínuo, e assim também é a intervenção, sempre devidamente adaptada a cada faixa etária, singularidade e particularidade de cada paciente.

Nesse cenário, grandes evoluções são obtidas para pessoas no espectro autista que estejam sob a intervenção ABA (*Applied Behavior Analysis*), ela se popularizou nessa temática por indicar resultados promissores quanto à ampliação de repertórios comportamentais e mudanças nos padrões característicos do TEA (Chung et al., 2024; Yu et al., 2020). Com a ciência comportamental concluiu-se que quanto mais cedo forem as intervenções, melhores seriam os resultados a longo prazo na vida do paciente.

Esse fato se concretiza com a junção da terapia ABA com as variáveis neurológicas, em especial a neuroplasticidade, que facilita o processo de aprendizado nos primeiros anos de vida, proporcionando assim maior autonomia, qualidade de vida e desenvolvimento ao paciente autista (Chaves, 2023; Sousa et al., 2020; Yu et al., 2020). Os resultados obtidos são registrados na literatura nacional e internacional, com destaque as evoluções acerca da aquisição da fala (Goyos, 2019), contato visual e ecoico (Galego & Goyos, 2023), ampliação de repertórios de interação social, redução de comportamentos interferentes (Campos, 2023), entre outros.

Assim, é notória a eficácia da intervenção e como a mesma contribui para o desenvolvimento e evolução do paciente. Todavia, quando comparamos com as contribuições científicas publicadas com ênfase na infância, é reduzido o olhar sobre as demais fases da vida.

A adolescência em especial é um período decisivo para a fase adulta, sendo o período no qual o jovem adquire habilidades que contribuirão para sua autonomia e concomitantemente para a aquisição repertórios preparatórios para a próxima etapa da vida, como por exemplo as habilidades sociais, que englobam comportamentos de assertividade, civilidade, interações, expressão de sentimentos, entre outros (Dourado et al., 2020; Moreno & Jurado, 2022).

Diferentemente do que leigos relatam, a Análise do Comportamento Aplicada (ABA) não se limita a intervenções com crianças, e nem tão pouco somente a temática do autismo, sendo assim, a possibilidade da intervenção comportamental para jovens no espectro autista mais do que possível é extremamente indicado. O grande ponto se dá ao fato de que as publicações sobre a intervenção com adolescentes autistas são escassas, porém, de forma alguma inexistentes.

As intervenções sob a ótica comportamental destinadas a adolescentes no espectro ocorrem sobre os mesmos moldes teóricos das terapias utilizadas na infância, ou seja, com rigor técnico e teórico, e com manejo estrutural de técnicas como reforço, modelagem, modelação, dessensibilização sistemática, ensaio comportamental, entre outras.

A diferença principal ocorre que para adolescentes as intervenções são cuidadosamente adaptadas para as necessidades reais daquele período, sejam elas características da adolescência como comunicação e inserção em grupos de amigos, preparação para vestibular, relacionamentos, como também voltadas as particularidades de uma adolescência no TEA, a qual está envolta de dúvidas e variáveis emocionais ambíguas.

A intervenção se estrutura pela identificação dos principais déficits e excessos comportamentais do jovem e avaliação das principais demandas do momento atual de cada um. Diferentemente da infância, onde busca-se a recuperação de atraso e acompanhamento de novas habilidades, na adolescência trabalha-se em especial com a redução de danos como prioridade, e sequencialmente com o ensino de habilidades que não foram consolidadas no repertorio do paciente na infância.

Ilustramos a explicação acima da seguinte forma:

Imagine que um adolescente, nível 2 de suporte TEA, apresente como quadro de demandas dificuldades em fazermos amigos, perdas significativas na escola, em função de não interações com os colegas, comportamentos de isolamento, dificuldades quanto a higiene pessoal, em especial para lavar os cabelos durante o banho.

Qual deveria ser o primeiro objetivo de intervenção? Se optarmos em olhar a partir das necessidades básicas, o comportamento de higiene pessoal entraria como prioridade em uma escala de análise para comportamentos básicos, ou seja, não adquiridos na infância.

Contudo, o paciente em questão apresenta dificuldades maiores do ponto de vista atual, que o inviabiliza inclusive em outras áreas da vida e em seu desenvolvimento autônomo. Assim sendo, pensaremos na redução de danos e, com o suporte teórico da terapia ABA, trabalharemos as interações sociais e variáveis envoltas nessa área como prioridade. Em paralelo a esse foco que reduz danos no convívio social, a intervenção destinara-se as habilidades básicas não consolidadas em seu repertório.

Tendo em vista que tal período etário, não contempla uma alta dimensão de pesquisas científicas, o carecer também se estende aos instrumentos e materiais que possam ser utilizados para nortear profissionais e educadores sobre principais comportamentos esperados nesta fase. Assim, cria-se uma lacuna para quantificar e mensurar os comportamentos do adolescente, tal como a comparação dos mesmos e seu desenvolvimento após as intervenções.

Atualmente, os profissionais que atuam com esse público, utilizam de instrumentos que avaliam habilidades singulares do desenvolvimento ou de aspectos comportamentais, como habilidades sociais, atividades de vida diária, variáveis emocionais, entre outros, uma vez não se encontra um material que abarque o conjunto total sobre desenvolvimento juvenil no espectro autista.

Os instrumentos que analisam um conjunto específico de habilidades, como por exemplo de habilidades sociais, são materiais extremamente renomados, elaborados por profissionais referências na temática, e por vezes em análise do comportamento. Contudo, aqui enfatizamos a ausência de um material capaz de nortear profissionais sobre a visualização de quais comportamentos são ou não esperados na totalidade da fase da adolescência em pacientes no espectro autista.

A partir de tal demanda, a literatura indica principais habilidades comportamentais que devem estar presentes na adolescência atípica e que o desenvolvimento das mesmas pode auxiliar de forma significativa o paciente, sendo algumas delas as Habilidades Sociais (H.S.); Atividades de vida diária (AVD's); Comunicação; Educação e Ensino; Lazer; Interações entre pares e grupos e Aspectos Emocionais (Antunes et al., 2022; Fogaça et al., 2019; Pereira-Guizzo et al., 2018; Sanchez-Gomez et al., 2020; Silvia & Murta, 2009; Wagner et al., 2002).

Capítulo 2
Habilidades Comportamentais para a Adolescência

As habilidades comportamentais durante a adolescência são um foco importante de estudo, pois tal período da vida é caracterizado por mudanças significativas tanto no desenvolvimento cognitivo quanto emocional. A adolescência é uma fase de transição entre a infância e a vida adulta, marcada por desafios no desenvolvimento da identidade, na autonomia, nas relações sociais e na regulação emocional.

As Habilidades Sociais (H.S.) são definidas por Del Prette e Del Prette (2017) como comportamentos valorizados socialmente sob determinada cultura, tendo alta probabilidade de serem reforçados e resultarem em consequências positivas ao indivíduo, ao grupo ou comunidade que os emite e/ou pratica. Na adolescência podemos organizar as HS em seis classes de comportamentos: Empatia, Autocontrole, Civilidade, Assertividade, Abordagem afetiva e Desenvoltura social (Del Prette e Del Prette, 2009). Entre as diversas justificativas para a aquisição e estimulação das HS, a literatura enfatiza a importância para o desenvolvimento de repertórios satisfatórios e variados que favorecem o desempenho e competências interpessoais dos indivíduos (Del Prette e Del Prette, 2017; Fogaça et al., 2019; Gusmão, 2023; Pereira-Guizzo et al., 2018). As habilidades selecionadas são detalhas a seguir.

Atividades de Vida Diária (AVD) tem amplo reconhecimento nas intervenções infantis, pelo principal objetivo de estimular a aquisição e ampliação de repertórios comportamentais básicos de autocuidado, contudo, as AVD's não se limitam a uma faixa etária específica. Para a adolescência, a intervenção que inclui em programa de ensino, a aprendizagem e estimulação das atividades de vida diária, acarreta não somente a evolução individual, por meio de um cuidado pessoal, maior independência, qualidade de vida, como também do preparo para viver em sociedade (AOTA, 2015). Dessa forma, compreende-se o ensino de AVD's para os adolescentes como cuidados de higiene pessoal, sexualidade, organização pessoal, segurança, alimentação e conhecimento monetário.

Ao falarmos em comunicação, em especial da comunicação assertiva, sabemos que tal comportamento pode ser compreendido como parte das H.S., todavia, quando enfatizado o período da adolescência, reconhece-se a importância de um olhar focal para tal eixo de ensino (Fogaça et al., 2019; Gusmão, 2023; Montenegro et al., 2023). A capacidade assertiva inicia-se na infância e se estende pela adolescência a fase adulta, em especial aos jovens, a aquisição de tal repertório constitui-se como um fator de proteção e minimização de problemas comportamentais, sendo assim, uma habilidade essencial na adolescência, uma vez que tal período é composto por mudanças e dificuldades nos relacionamentos interpessoais (Coelho, 2020). Para adolescentes ou jovens adultos diagnosticados no espectro autista, a assertividade na comunicação assegura que os mesmos ampliem sua rede de apoio e tenham interações saudáveis e proveitosas, sem maiores desgastes emocionais (Montenegro et al., 2023).

Quanto à compreensão dos aspectos pedagógicos ou como denominado na presente pesquisa, de educação e ensino, nos referimos ao processo de aprendizagem, bem como das dificuldades e déficits as quais são englobadas nessa categoria. O adolescente com TEA poderá apresentar modos e formas diferenciadas de aprendizagem, hiperfoco em assuntos específicos, e quando com algum transtorno associado, como TDAH, prejuízos na concentração e atenção que podem culminar em déficits no processo de aprendizagem e ensino (Soares & Nunes, 2020; Velarde & Cárdenas, 2022). Os desenvolvimentos intelectuais e/ou cognitivos devem ser avaliados e mensurados nesse período da vida, pois alterações que sejam muito discrepantes da faixa etária de seus pares podem corresponder a um atraso, o qual necessita de estimulação específica, a fim de que as habilidades do adolescente sejam novamente pareadas a de seu grupo etário. Além disso, a identificação de dificuldades e prejuízos nesse quesito, quando não sanadas ou trabalhadas, podem culminar em danos a outros períodos e momentos da vida, como na fase adulta, para inserção no mercado de trabalho, tal como nas interações sociais e afetivas (Menezes, 2020). A habilidade de lazer analisa aspectos mais focais das habilidades sociais e comunicação em contextos externos e com pares distintos, sendo assim, avalia a capacidade do jovem no espectro em interagir e simultaneamente obter prazer em tais atividades, ou seja, a habilidade de lazer implica em ganhos e reforçadores ao adolescente, na interação ou em sua individualidade durante o cumprimento de ações específicas (Gusmão, 2023; Pereira-Guizzo et al., 2018).

Questões emocionais, englobando suas oscilações, descobertas, afetividades, entre outros pontos, são características marcantes do período da adolescência, e registrados na literatura como uma variável que merece destaque pelas preocupações que transpassam a temática, como o adoecimento psicológico que engloba a ansiedade, depressão e ideação suicida (Ruggieri, 2020; Shtayermman & Fletcher, 2022). De acordo com a literatura, a saúde mental dos jovens tem sido alvo de estudos e preocupações, uma vez que tal período é marcado por uma transitoriedade de escolhas e gostos, sendo por sua vez a fase de formação da personalidade, e somada às interações sociais, com grupos e pares, os adolescentes buscam a aceitação em tais contextos, bem como serem inseridos em determinados grupos, exibindo comportamentos e condutas extremas que muitas vezes resultam no adoecimento psicológico (Dourado et al., 2020; Sanchez-Gomez et al., 2020).

Assim, adolescentes autistas frequentemente enfrentam desafios significativos na regulação emocional e na competência social, aspectos críticos do desenvolvimento comportamental, uma vez que a regulação emocional pode ser dificultada pela intensificação das respostas emocionais e pela dificuldade em identificar e expressar emoções, o que pode levar a problemas como irritabilidade, ansiedade e explosões de raiva, afetando negativamente as interações sociais e o bem-estar geral (Gusmão, 2023; Montenegro et al., 2023). A competência social, por sua vez, implica em dificuldades para interpretar sinais sociais, como expressões faciais e gestos, resultando em mal-entendidos e possível isolamento social, além de aumentar o risco de depressão e ansiedade (Romera et al., 2022). Outras habilidades comportamentais importantes incluem o autocontrole, a resiliência e a tomada de decisão.

Dessa forma, as habilidades comportamentais desempenham um papel central no desenvolvimento adolescente, influenciando a capacidade dos jovens de enfrentar os desafios dessa fase e de fazer a transição para a vida adulta de forma saudável. Compreender essas habilidades e promover seu desenvolvimento por meio de intervenções psicológicas eficazes pode ter um impacto duradouro no bem-estar dos adolescentes.

Capitulo 3
Metodologia de Construção e Principais Objetivos do Rastreio

A partir do exposto, teve-se por objetivo realizar, a partir dos dados bibliográficos, a expansão das principais habilidades comportamentais esperadas em jovens com TEA, e formular um rastreio comportamental que sirva como guia para profissionais e educadores que trabalham com tal público.

Após um levantamento bibliográfico apontando a ausência de um instrumento norteador de habilidades comportamentais para jovens com diagnóstico de TEA, buscou-se na literatura principais os repertórios comportamentais na adolescência, com objetivo de expandi-los em questões que fossem norteadoras para profissionais, e auxiliassem os mesmos na definição do plano terapêutico do paciente, a partir dos resultados de seus excessos e déficits comportamentais.

O rastreio elaborado pelos presentes autores, que são membros do Laboratório de Pesquisas do Instituto Singular, é destinado a adolescentes, de ambos sexos, diagnosticados com Transtorno do Espectro Autista (TEA) com idade entre 12 a 17 anos. O material não tem o objetivo nem finalidade de identificação diagnóstica do TEA, tampouco de apontar atrasos comportamentais e/ou cognitivos para tal período etário, apenas levantar os comportamentos presentes no atual repertório comportamental do adolescente, para que se possa formular o plano de intervenção individualizado, sendo assim, o rastreio não comporta uma análise psicométrica, sendo fruto exclusivo do levantamento bibliográfico quanto ao desenvolvimento neurotípico e neuroatípico na adolescência, e baseando-se em instrumentos que são referências na área do desenvolvimento e rastreio infantil como CARS e M-CHAT.

O rastreio pode ser preenchido tanto pelos pais e responsáveis, como pela escola, terapeuta ou pelo próprio adolescente. Dessa forma, se as quatro instâncias optarem em responder ao material, os dados podem ser posteriormente contrastados, e trazendo como dado final, a distinta percepção sobre as habilidades analisadas. Com pontuação que varia de 0 a 3, de menor a maior intensidade do comportamento respectivamente, o voluntário que a responder pode assinalar a questão que melhor defina a estabilidade e consistência de tal comportamento em seu dia a dia.

Com relação ao jovem analisado, o rastreio poderá contemplar adolescentes que estejam em qualquer nível de suporte do TEA (1, 2 ou 3) todavia, destaca-se que para o nível 3 de suporte, algumas questões podem não ser contempladas no repertório do paciente, nesse caso, sugere-se que o terapeuta responsável pelo caso possa utilizar de outros materiais de análise para melhor nortear sua conduta, tal como a formulação do plano de intervenção, sendo assim, a avaliação neuropsicológica se faz indispensável, utilizando materiais para avaliar as particularidades do jovem, evidenciando suas potencialidades e maiores dificuldades.

Capítulo 4
Análise, Seleção e Mensuração das Habilidades Comportamentais no Rastreio à Adolescência

Para cada conjunto de habilidades, previamente selecionados no presente livro, que entre outras, são necessárias durante o período da adolescência, destacou-se as Habilidades Sociais (HS), Atividades de vida diária (AVD's), Comunicação, Educação e Ensino, Lazer, Interações entre pares e grupo e Aspectos emocionais. Cada conjunto contempla uma gama de possibilidades investigativas, dessa forma, abaixo são descritas questões direcionadoras para posterior investigação e análises, sejam elas qualitativas ou quantitativas. A junção de todos os itens, foi denominada como **"Rastreio Comportamental para Adolescentes Autistas"** e apresenta-se em um formato de checklist, com o objetivo de facilitar a observação e aplicação, esse material encontra-se no último capítulo.

ATENÇÃO: Para pesquisadores que demonstrarem interesse em utilizar o rastreio elaborado pelos presentes autores, faz-se necessário a menção bibliográfica para utilização, como indicada abaixo:

Zotesso, MC. Gaiato, M, Silveira, R.R., Ferreira, L. Rastreio Comportamental para Adolescentes Autistas. Nversos, 2024.

Habilidades Sociais (HS)

A literatura indica que baixos índices de habilidades sociais e competência social podem culminar em questões psicológicas nas crianças e adolescentes. Os problemas emocionais e comportamentais em tal público podem se expressar como dificuldades interpessoais, e observadas por meio de comportamentos internalizantes e externalizantes, os quais, quando não identificados e trabalhados trazem perdas e dificuldades que se estendem a todo o processo de desenvolvimento humano, uma vez que as HS são fundamentais para interação, convivência e adaptação em grupo (Del Prette & Del Prette, 2009). Nesse sentido, a investigação de tal repertório, ocorre por meio da orientação dos sete subgrupos propostos por Del Prette e Del Prette (2009).

Questões que investigam o iniciar de conversas, a continuidade do diálogo, o interesse pelo outro e por seu relato, a manifestação de suas opiniões de forma assertiva, a flexibilidade frente a mudanças durante a interação com o outro são alguns dos comportamentos importantes para uma investigação comportamental das HS.

Atividades de vida diária (AVD's)

As atividades básicas de vida diária se estendem ao modelo da infância, passando na adolescência a assumir um papel fundamental para o desenvolvimento de autonomia e independência em tarefas e atividades cotidianas até o manejo em situações com maior grau de complexidade, envolvendo a tomada de decisões assertivas e escolhas socialmente funcionais (Antunes et al., 2022; Dourado et al., 2020).

A escolha, preparo e realização de atividades voltadas à alimentação, higiene e vestimenta, o cuidar do outro em situações de vulnerabilidade e necessidades, a organização de itens pessoais, bem como rotina pessoais, cuidados pessoais, conhecimento sobre segurança e transporte são comportamentos que precisam ser investigados, e posteriormente implementados no repertório do paciente até que sejam consistentes, isso garantirá inclusive, maior evolução em outras habilidades.

Comunicação

A facilidade em comunicar-se com pessoas conhecidas ou desconhecidos sobre assuntos variados é uma habilidade necessária para um convívio socialmente funcional, sendo pré-requisito para comportamentos e interações sociais mais avançados, como manter relacionamentos afetivos e amorosos (Coelho, 2020; Fogaça et l., 2019; Gusmão, 2023; Montenegro et al., 2023). Assim como o comportamento geral durante uma conversa, como a escuta atenta, contato visual, percepção da importância do diálogo, comunicação assertiva e flexibilidade para troca de temáticas fazem parte do repertório comunicativo que deve ser analisado na adolescência.

Educação e Ensino

Preferências e dificuldades específicas no âmbito escolar, tal como a interação e seguimento de regras no contexto acadêmico são comportamentos pertinentes de investigação, assim como o foco, atenção e empenho nas atividades que englobam o nicho de ensino, contribuem para maior compreensão do jovem (Soares & Nunes, 2020). Destaca-se que tal categoria assume um papel de alta relevância, todavia, a análise do rastreio contempla apenas uma visão inicial e básica de tal habilidade, o objetivo se faz para que a partir do breve direcionamento obtidos como resultados o terapeuta e/ou familiar possam buscar maiores investigações seja pelo aspecto escolar, como cognitivo se for o caso.

Lazer

A participação em eventos e saídas sociais que sejam satisfatórias ao adolescente, configuram habilidades importantes para promoção de HS, Comunicação e busca de autonomia e independência (Chung et al., 2024; Moreno & Jurado, 2022; Yu et al., 2020). A identificação das atividades de lazer exibe um papel de levantamento de preferências do paciente, assim sendo, tais itens não dizem respeito às atividades sociais impostas ao jovem, mas sim a análise da frequência, intensidade e interesse do adolescente na execução de tais atividades.

Interações entre grupo e pares

A forma como o adolescente interage com pares próximos ou grupos, se saber lidar com regras de diferentes ambientes, a intensidade com que colegas influenciam suas decisões e comportamentos, o uso da tecnologia como ferramenta de comunicação e interação, comportamentos ao interagir com grupos, interesse amoroso por um par, entre outros, são comportamentos importantes de investigação na adolescência.

Aspectos emocionais

Somada às HS, os aspectos emocionais dizem respeito a uma das habilidades centrais para investigação no período da adolescência, em especial junto aos jovens autistas (Del Prette & Del Prette, 2017; Dourado, 2020; Fogaça et al., 2019). Comportamentos de choro, irritação, isolamento, alterações em padrões de sono, alimentação, comportamentos agressivos, ansiosos e/ou deprimidos indicam fragilidades nessa habilidade, e concomitantemente necessidade de intervenção.

Indicação de alterações no campo emocional e psicológico devem ser avaliados com cautela e sob orientação total de um profissional responsável na área (psicólogo e/ou psiquiatra) (Chung et al., 2024, Coelho, 2020; Del Prette & Del Prette, 2009). Além disso, fragilidades emocionais, indicadas por resultados inferiores, não fazem referência a nenhum diagnóstico de transtorno ou condição psicológica ou psiquiátrica, apenas atenta ao profissional sobre variáveis que necessitam de olhar cauteloso e específico, a fim de que modificações nessa área possam ser realizadas.

Capítulo 5
Rastreio Comportamental para Adolescentes no Espectro Autista: Compreensão, Aplicação e Correção

O rastreio

Embora o rastreio seja um material que possa ser respondido tanto pelo próprio paciente, como por um responsável, não se isenta em momento algum que o caso esteja sob a responsabilidade de um terapeuta ABA, o qual poderá orientar o voluntário sobre o conteúdo dos questionamentos, fornecendo exemplos e explicações detalhadas da questão, como também realizar a correção e interpretação dos dados sob a ótica comportamental.

Volta-se a salientar que **o material não tem por objetivo avaliar ou diagnosticar o paciente**, o material é um guia norteador para mensurar comportamentos em pacientes com TEA, para que os mesmos tenham posterior a análise do rastreio, um plano de intervenção correspondente às suas reais necessidades comportamentais.

Modo de aplicar

O rastreio consta com sete habilidades de investigação, sendo elas: Habilidades Sociais (HS) com 20 questões, Atividades de vida diária (AVD's), Comunicação, Educação e Ensino, Lazer, Interações entre pares e grupo e Aspectos emocionais com 10 questões cada uma, totalizando assim 80 questões. Elas podem ser respondidas com uma pontuação referente **a percepção e observação do voluntário que a responder**, ou seja, os resultados obtidos são apenas mensurados pela percepção daquele que o responde, isso ocorre pelo conhecimento sobre os comportamentos do paciente (autoanálise no caso do próprio paciente responder) ou por meio da observação clínica. A pontuação pode ser medida e registrada como: **0** - Não realiza/apresenta, **1** - Raras vezes realiza/apresenta, **2** - Em situações específicas, com baixa frequência realiza/ apresenta e **3** - Realiza/apresenta sempre tal comportamento.

Antes de preencher o rastreio, deve-se registrar quem está respondendo, podendo ser o pai ou responsável, professor, terapeuta ou o adolescente. Com exceção do próprio terapeuta responder, os demais voluntários devem ter o suporte de um terapeuta ABA que os norteiem quanto à explicação das questões, exemplos e responder a questionamentos complementares em determinados itens. Quando o próprio terapeuta for responder ao rastreio, o mesmo deve-se basear em sua percepção e observação clínica sobre o paciente, tal como o conhecimento sobre as habilidades e repertórios do jovem.

Todas as questões devem ser respondidas, sem pular nenhuma. Em caso de dúvidas, o voluntário poderá perguntar ao terapeuta responsável. Não serão aceitas respostas intermediárias, como 1,5 ou 2,5. O preenchimento das questões pode ser feito pelo voluntário ou por intermédio da leitura e registro do terapeuta.

Os pesquisadores sugerem que o Rastreio seja aplicado de forma presencial, uma vez que o instrumento se baseia na percepção do aplicados acerca dos comportamentos do paciente, assim sendo, a modalidade online pode reduzir a observação clínica tal como a riqueza de detalhes comportamentais do paciente, e não expressar resultados tão fidedignos a atuação realidade do jovem.

Modo de corrigir

Ao final de cada habilidade há um espaço denominado **total**, no qual o terapeuta responsável pelo caso faz a somatória da habilidade e registra o resultado. A pontuação máxima para a habilidade "Habilidade Sociais (HS)" é de 60 pontos, uma vez que contempla 20 questões, as demais habilidades por sua vez irão apresentar pontuação máxima de 30, por conterem 10 questões cada uma.

Destaque importante para a somatória apresentada nas habilidades "Comunicação", "Educação e ensino", "Interações – grupos e pares" e "Emocional", pois nessas habilidades há questões que são apresentadas com a cor cinza e com asterisco, simbolizando que com exclusividade nesses questionamentos serão apresentadas formas diferentes de somatória, ou seja, quando a questão estiver com cor diferente e identificada com * o voluntário que estiver preenchendo o rastreio irá assinar normalmente a resposta que a ele for pertinente, a mudança ocorrerá SOMENTE na forma de somar os pontos totais daquela habilidade, assim sendo, aquele que estiver preenchendo o instrumento não deve se preocupar com quaisquer alterações em seu registro. O avaliador (terapeuta) quem deverá se responsabilizar e encarregar de inverter a pontuação em tais questões, essa instrução é apresentada a seguir na Tabela 1:

Pontuação Assinalada	Pontuação ALTERADA
0	3
1	2
3	0
2	1

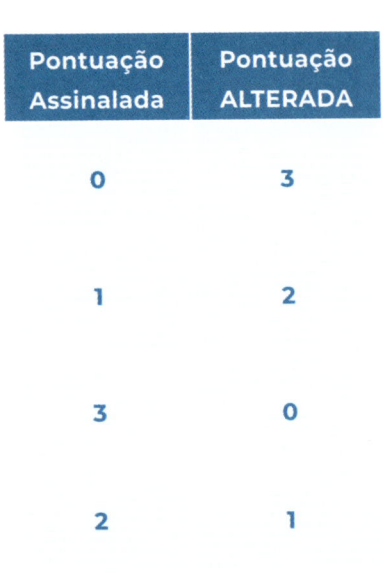

Tabela 1: Inversão da pontuação no rastreio para questões assinaladas

Para melhor compreensão, abaixo ilustramos como deve ser feita a somatória em questões que requerem pontuação invertida. Exemplo:

Habilidade	0	1	2	3
Apresenta hiperfoco durante conversas				x
Quando têm dúvidas, busca respostas com alguém novo			x	

No exemplo acima, o primeiro questionamento encontra-se a indicação para inversão da pontuação. O paciente assinalou a opção 3, ou seja, para ele o paciente apresenta sempre o comportamento de hiperfoco durante as conversas. O terapeuta, todavia, fará a pontuação 0 para essa questão, isso por que no momento de análise, entenderemos que há uma habilidade que não apresenta funcionalidade e precisa ser melhorada. Assim sendo, se fizermos a somatória dos dois questionamentos apresentados acima, termos como total de pontos 0 + 2 = 2 (dois). Dessa forma, quando o paciente assinar a alternativa 3, soma-se a essa questão 0 pontos, quando pontuar 0, atribui-se pontuação de 3, e assim sucessivamente para as questões em cinza e com asterisco.

Após a somatória individual das habilidades, o terapeuta realiza a somatória completa do rastreio, o qual tem como pontuação máxima 240 pontos.

Modo de analisar

A análise e interpretação dos dados obtidos no rastreio podem ser compreendidos a partir de duas perspectivas, sendo elas:
1. Quantitativa
2. Qualitativa

A análise quantitativa diz respeito aos dados em si, ou seja, a interpretação dos resultados numéricos e mensuráveis que são obtidos como fruto das respostas do instrumento. A análise qualitativa, por sua vez, faz referência a interpretação dos dados não mensuráveis, apresentados através de relatos, visando a compreensão a partir da qualidade de tais resultados, e não da quantidade.

No caso do rastreio, ambas formas de análise podem ocorrer, tanto por meio dos resultados números obtidos em cada habilidade, tal como os dados da somatória, correspondentes a visão geral do instrumento, como também é possível obter informações relevantes sobre o caso e a particularidade do jovem analisado, quando ao responder as questões o terapeuta solicitar maior detalhamento de determinado questionamento, ou o voluntário trouxer dados relevantes que possam complementar a análise. Esses dados fornecidos por meio do relato devem ser descritos no verso da folha, a fim de que, ao concluir o rastreio, o terapeuta possa analisar os relatos e utilizá-los para melhor formulação do plano de intervenção, uma vez que informações complementares relatam parte do histórico de vida e situação atual do paciente, seja do ponto de vista comportamental, cognitivo e/ou socioemocional, e fornecem ao terapeuta dados essenciais para analises funcionais do caso. Para o formato de análise quantitativa, fornecemos abaixo um exemplo de apresentação gráfica dos resultados obtidos para cada habilidade, contrastando as respostas fornecidas através da percepção dos pais e do adolescente. O gráfico foi elaborado no Excel, e facilmente pode ser replicado utilizando o nome das habilidades e os dados obtidos.

Gráfico 1: Exemplo de apresentação gráfica para dados quantitativos do Rastreio

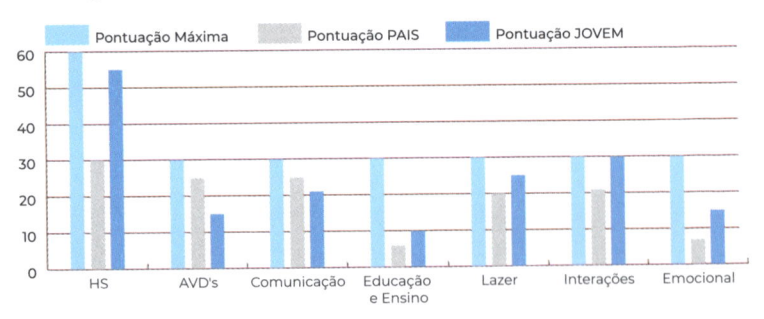

Fonte: Elaboração via Excel pelos próprios autores, com dados ilustrativos

Com base no objetivo inicial, de realizar um levantamento bibliográfico sobre os comportamentos na adolescência em indivíduos com Transtorno do Espectro Autista (TEA), e posteriormente desenvolver um instrumento de rastreio para orientar profissionais que atuam na área, acredita-se que o material produzido oferece uma contribuição significativa para o campo. O rastreio, fundamentado em uma análise cuidadosa da literatura e das práticas clínicas, não apenas fornece uma ferramenta prática para a avaliação inicial dos adolescentes com TEA, mas também amplia a compreensão das complexidades que caracterizam essa fase do desenvolvimento dentro do espectro.

Além de servir como um guia instrucional para o planejamento terapêutico, o material proposto facilita uma visualização mais ampla e detalhada da adolescência no espectro autista, abordando as nuances e variações comportamentais que frequentemente passam despercebidas em avaliações mais gerais. Ao integrar as informações obtidas por meio do rastreio com outros dados clínicos e observacionais, os profissionais podem elaborar intervenções mais precisas e adaptadas às necessidades individuais de cada adolescente, promovendo assim um acompanhamento mais eficaz e personalizado.

Este material, portanto, não apenas preenche uma lacuna existente na literatura, mas também se posiciona como um recurso essencial para todos os interessados na área. Assim, proporciona aos profissionais uma melhor compreensão dos desafios e também das potencialidades dos adolescentes com TEA, permitindo por fim, que as intervenções sejam planejadas com uma visão voltada a singularidade do paciente.

Esperamos que este material se torne uma ferramenta valiosa para terapeutas ABA, auxiliando na construção de estratégias terapêuticas que favoreçam o desenvolvimento e o bem-estar dos jovens no espectro em uma fase tão crucial de suas vidas.

Considerações Finais

Com o aumento significativo no número de diagnósticos de Transtorno do Espectro Autista (TEA) ao longo das últimas décadas, a demanda por instrumentos avaliativos e materiais de intervenção eficazes também cresceu exponencialmente. No entanto, a literatura científica ainda apresenta lacunas importantes no que se refere a recursos específicos para a avaliação e o planejamento terapêutico voltados para adolescentes com TEA. Este déficit representa um desafio considerável para os profissionais que buscam fornecer um atendimento verdadeiramente personalizado e eficaz, alinhado às necessidades individuais desses jovens.

O desenvolvimento de um planejamento educacional e terapêutico que reflita as reais necessidades de adolescentes com TEA requer ferramentas que vão além da observação clínica tradicional. Essas ferramentas devem ser capazes de identificar com precisão as habilidades comportamentais consolidadas e as áreas que necessitam de maior suporte. Neste contexto, o presente trabalho se propôs a elaborar o "Rastreio Comportamental para Adolescentes Autistas", um instrumento pensado para preencher essa lacuna, oferecendo aos profissionais um recurso prático para a avaliação inicial do repertório comportamental desses jovens.

Apesar de o rastreio não ter sido construído com base em dados psicométricos, ele foi cuidadosamente projetado para incluir um conjunto de questões que abordam sete habilidades fundamentais para o desenvolvimento adolescente, especialmente no contexto do TEA. Essas habilidades foram selecionadas com base na relevância para o bem-estar e para o crescimento pessoal e social dos adolescentes, considerando as particularidades comportamentais frequentemente observadas em indivíduos dentro do espectro autista. O objetivo central deste instrumento é fornecer uma visão preliminar, mas abrangente, que possa servir como base para intervenções mais direcionadas e eficazes.

A utilização deste rastreio deve ser vista como um ponto de partida, uma ferramenta que complementa as avaliações formais e mais robustas que compõem o arsenal de estratégias de qualquer profissional que trabalha com adolescentes no espectro autista. Ao aplicar este rastreio, terapeutas e outros profissionais da área podem obter uma compreensão inicial das capacidades e necessidades dos adolescentes com TEA, facilitando a formulação de um plano de ensino e intervenção que seja verdadeiramente alinhado às características individuais de cada jovem.

Em suma, o "Rastreio Comportamental para Adolescentes Autistas" se apresenta como uma contribuição importante para a prática clínica e educacional, oferecendo uma abordagem prática e acessível para a identificação das habilidades comportamentais em adolescentes com TEA. Embora não substitua avaliações mais detalhadas, este material tem o potencial de orientar os profissionais em um caminho mais preciso e personalizado, promovendo o desenvolvimento saudável e o bem-estar desses jovens. Esperamos que sua aplicação na prática cotidiana venha a enriquecer o trabalho dos profissionais e contribuir para avanços significativos na área do TEA.

Referências

Al-Beltagi M. (2023). Pre-autism: What a paediatrician should know about early diagnosis of autism. *World journal of clinical pediatrics*, 12(5), 273–294. https://doi.org/10.5409/wjcp.v12.i5.273

Antunes, Q. P., Fernandes, G. N. A., & Lemos, S. M. A. (2022, April). Aspectos comportamentais e motivação para aprender: um estudo com adolescentes do ensino fundamental. In CoDAS (Vol. 34, No. 5, p. e20210119). Sociedade Brasileira de Fonoaudiologia.

AOTA, Associação Americana de Terapia Ocupacional: Estrutura da prática da Terapia Ocupacional: domínio & processo 3ª ed. Rev. Ter. Ocup. Univ. São Paulo., jan.-abr. 2015; 26(ed. esp.): 1-49.

APA AMERICAN PSYCHIATRIC ASSOCIATION. (2013). Diagnostic and statistical manual of mental disorders. 5th ed. Arlington: American Psychiatric Publishing.

Campos, C. M. M. (2023). Treino de pais online baseado no modelo Denver de intervenção precoce para ensino de habilidades básicas de comunicação para crianças pequenas com TEA.

Chaves, J. M. (2023). Neuroplasticidade, memória e aprendizagem: Uma relação atemporal. Revista Psicopedagogia, 40(121), 66-75.

Chung, K. M., Chung, E., & Lee, H. (2024). Behavioral Interventions for Autism Spectrum Disorder: A Brief Review and Guidelines With a Specific Focus on Applied Behavior Analysis. Soa--ch'ongsonyon chongsin uihak = Journal of child & adolescent psychiatry, 35(1), 29-38. https://doi.org/10.5765/jkacap.230019

Coelho, V. C. N. (2020). Assertividade e problemas comportamentais em adolescentes.

Dawson, G., Rieder, A. D., & Johnson, M. H. (2023). Prediction of autism in infants: progress and challenges. The Lancet. Neurology, 22(3), 244-254. https://doi.org/10.1016/S1474-4422(22)00407-0

Del Prette, A. & Del Prette, Z. A. P. (2009a). Inventário de Habilidades Sociais para Adolescentes (IHSA-Del Prette): manual de aplicação, apuração e interpretação. São Paulo: Casa do Psicólogo. doi:10.1590/S0034-8910.2014048004754

Del Prette, A. & Del Prette, Z. A. P. (2009b). Adolescência e fatores de risco: a importância das habilidades sociais educativas. In: V. G. Haase, F. O. Ferreira, & F. J. Penna, (Orgs.), Aspectos biopsicossociais da saúde na infância e adolescência(pp. 503-522). Belo Horizonte: Coopmed. doi:10.1590/S0034-8910.2014048004754

Del Prette, A., & Del Prette, Z. A. P. (2017). Competência social e habilidades sociais: Manual teórico-prático. Rio de Janeiro: Editora Vozes.

Dourado, J. V. L., Arruda, L. P., Ferreira Júnior, A. R., & Aguiar, F. A. R. (2020). Definições, critérios e indicadores da adolescência. Rev. enferm. UFPE on line, 1-7.

Fogaça, F. F. S., Tatmatsu, D., Comodo, C. N., Del Prette, Z. A. P., & Del Prette, A. (2019). O desenvolvimento de habilidades sociais na adolescência como ápice comportamental. Revista Brasileira de Terapia Comportamental e Cognitiva, 21(2), 217-231.

Galego, P. S., & Goyos, C. (2023). Treino remoto parental para aplicação do protocolo de avaliação do ecoico a crianças com autismo. Revista Brasileira de Educação Especial, 29, e0185.

Girianelli, V. R., Tomazelli, J., Silva, C. M. F. P. D., & Fernandes, C. S. (2023). Early diagnosis of autism and other developmental disorders, Brazil, 2013-2019. Revista de saude publica, 57, 21. https://doi.org/10.11606/s1518-8787.2023057004710

Gusmão, T. B. (2023). Ensino de habilidades sociais no Transtorno do Espectro Autista na adolescência e vida adulta: uma revisão de estudos em análise do comportamento.

Klin A. (2023). Translating advances in developmental social neuroscience into greater access to early diagnosis in autism spectrum disorder. Repercusión de los avances en la neurociencia social del desarrollo en un mayor acceso al diagnóstico temprano en el trastorno del espectro autista. Medicina, 83 Suppl 2(Suppl 2), 32–36.

Menezes, M. Z. M. (2020). O diagnóstico do Transtorno do Espectro Autista na fase adulta.

Montenegro, A. C. D. A., Leite, G. A., Moura, D. A. A. D., Silva, A. G. S., Xavier, I. A. D. L. N., & Lima, R. A. (2023). Desenvolvimento das habilidades comunicacionais em adolescente autista com uso de comunicação alternativa: relato de caso. Revista CEFAC, 25, e11122.

Moreno, A. G., & Jurado, M. D. M. M. (2022). Las habilidades sociales y su relación con otras variables en la etapa de la adolescencia: una revisión sistemática. Revista Iberoamericana de Psicología, 15(1), 113-123.

Nisar, S., & Haris, M. (2023). Neuroimaging genetics approaches to identify new biomarkers for the early diagnosis of autism spectrum disorder. Molecular psychiatry, 28(12), 4995–5008. https://doi.org/10.1038/s41380-023-02060-9

Okoye, C., Obialo-Ibeawuchi, C. M., Obajeun, O. A., Sarwar, S., Tawfik, C., Waleed, M. S., Wasim, A. U., Mohamoud, I., Afolayan, A. Y., & Mbaezue, R. N. (2023). Early Diagnosis of Autism Spectrum Disorder: A Review and Analysis of the Risks and Benefits. Cureus, 15(8), e43226. https://doi.org/10.7759/cureus.43226

Pereira-Guizzo, C. D. S., Prette, A. D., Prette, Z. A. P. D., & Leme, V. B. R. (2018). Programa de habilidades sociais para adolescentes em preparação para o trabalho. Psicologia Escolar e Educacional, 22, 573-581.

Pires, J. F., Grattão, C. C., & Gomes, R. M. R. (2024). Os desafios para a intervenção precoce e seus efeitos no prognóstico do transtorno do espectro autista: uma revisão sistemática. Dementia & Neuropsychologia, 18, e20230034.

Romera, E. M., Luque-González, R., García-Fernández, C. M., & Ortega-Ruiz, R. (2022). Competencia social y bullying: el papel de la edad y el sexo. Educación XX1, 25(1), 309-333.

Ruggieri, V. (2020). Autismo, depresión y riesgo de suicidio. Medicina (Buenos Aires), 80, 12-16.

Sanchez-Gomez, M., Oliver, A., Adelantado-Renau, M., & BRESO, E. (2020). Inteligencia emocional y ansiedad en adolescentes: una propuesta práctica en el aula.

Shtayermman, O., & Fletcher, J. (2022). Predictors of Suicide Attempts of Individuals with Autism and Their Siblings. Nursing research and practice, 2022, 9157365. https://doi.org/10.1155/2022/9157365

Silva, M. D. P., & Murta, S. G. (2009). Treinamento de habilidades sociais para adolescentes: uma experiência no programa de atenção integral à família (PAIF). Psicologia: Reflexão e Crítica, 22, 136-143.

Soares, F. M. G. C., & Nunes, L. R. D. O. D. P. (2020). Autismo: aspectos pedagógicos e sociais. ETD Educação Temática Digital, 22(1), 3-9.

Sousa, D. L. D. D., Silva, A. L. D., Ramos, C. M. D. O., & Melo, C. D. F. (2020). Análise do comportamento aplicada: a percepção de pais e profissionais acerca do tratamento em crianças com espectro autista. Contextos Clínicos, 13(1), 105-124.

Velarde, M., & Cárdenas, A. (2022). Trastornos del espectro autista y trastornos por déficit de atención con hiperactividad: desafíos en el diagnóstico y tratamiento [Autism spectrum disorder and attention-deficit/hyperactivity disorder: challenge in diagnosis and treatment]. Medicina, 82 Suppl 3, 67–70.

Wagner, A., Falcke, D., Silveira, L. M. B. D. O., & Mosmann, C. P. (2002). A comunicação em famílias com filhos adolescentes. Psicologia em estudo, 7, 75-80.

Yu, Q., Li, E., Li, L., & Liang, W. (2020). Efficacy of Interventions Based on Applied Behavior Analysis for Autism Spectrum Disorder: A Meta-Analysis. Psychiatry investigation, 17(5), 432–443. https://doi.org/10.30773/pi.2019.0229

ANEXOS

Rastreio comportamental para adolescentes autistas

(Zotesso; Gaiato; Silveira & Ferreira, 2024)

Destinada a adolescentes diagnosticados com Transtorno do Espectro Autista (TEA) com idade entre 12 a 17 anos. O rastreio não tem o objetivo nem finalidade de identificação diagnóstica do TEA, tampouco de apontar atrasos comportamentais e/ou cognitivos para tal período etário, apenas levantar os comportamentos presentes no atual repertório do adolescente, para que assim se possa formular o plano de intervenção individualizado.

Legenda:

0 – Não realiza/apresenta
1 – Raras vezes realiza/apresenta
2 – Em situações específicas, com baixa frequência realiza/apresenta
3 – Realiza/apresenta sempre tal comportamento

Respondido por:

☐ Pais/responsáveis
☐ Escola
☐ Terapeuta
☐ Adolescente

Habilidade – Habilidades Sociais (HS)				
Comportamento	0	1	2	3
Faz perguntas				
Responde perguntas				
Faz elogios				
Recebe elogios				
Pede *feedback* nas relações sociais				
Fornece *feedback* nas relações sociais				
Inicia conversa				
Mantém continuidade em uma conversa				
Faz pedidos				
Recusa pedidos				
Manifesta a própria opinião				
Apresenta autocontrole e calma em situações sociais imprevisíveis				
Apresenta flexibilidade frente a mudanças inesperadas				
Reconhece o sentimento do outro e acolhe				
Respeita a opinião e ponto de vista do outro				
Desculpa-se				
Expressa sentimentos de forma verbal				
Expressa sentimentos por meio de expressões faciais e/ou corporais				
Lida com críticas e com pressão do grupo				
Expressa carinho e afeto				

Total:

Habilidade – Atividades de vida diária (AVD's)				
Comportamento	0	1	2	3
Realiza atividades básicas de alimentação, higiene pessoal, vestimenta, etc.				
Cuida de outras pessoas				
Organiza seus pertences				
Realiza atividades de leitura e estudo espontaneamente				
Prepara a própria alimentação (ex.: montar um lanche)				
Apresenta conhecimento e controle financeiro (ou intenção)				
Apresenta cuidados e manutenção da própria saúde				
Realiza as próprias escolhas de compras (ex.: roupas, comida, etc.)				
Têm conhecimento sobre procedimentos de segurança e respostas de emergência (ex.: trancar as portas, ligar alarme, colocar cinto de segurança)				
Sabe lidar com transporte (pedir um Uber, táxi, pegar ônibus)				

Total:

Habilidade – Comunicação				
Comportamento	0	1	2	3
Comunica-se com facilidade com os pais				
Conversa sobre diversos assuntos (com amigos, familiares)				
Apresenta hiperfoco durante conversas*				
Quando têm dúvidas, busca respostas com alguém novo				
Comunica-se com tranquilidade com terceiros (padaria, etc.)				
Apresenta repetição de falas (ecoico)*				
Em assuntos delicados, busca alguém para conversar				
Conversa com pessoas do gênero oposto com facilidade				
Apresenta conversas longas e contínuas				
Mantém contato visual durante conversas				

Total:

* Para os itens em cinza e com asterisco (*) a pontuação deve ser feita na **ordem inversa.**

Ex.: Se pontuado 0, registra-se 3 (e vice e versa).
Se pontuado 1, registra-se 2 (e vice e versa).

Habilidade – Educação e Ensino				
Comportamento	0	1	2	3
Ajuda os pares tanto espontaneamente ou quando o outro pede ajuda em atividades em grupo				
Apresenta notas acima da média em todas as matérias				
Apresenta concentração e foco duranteas aulas				
Apresenta dificuldade em exatas*				
Apresenta dificuldades com interpretação de texto*				
Apresenta dificuldades com a organização dos estudos*				
Realiza as atividades e estudos de casa				
Respeita regras no ambiente escolar				
Realiza atividades em grupo na escola e sala de aula				
Apresenta interesse pelos estudos				

Total:

* Para os itens em cinza e com asterisco (*) a pontuação deve ser feita na **ordem inversa.**

Ex.: Se pontuado 0, registra-se 3 (e vice e versa).
Se pontuado 1, registra-se 2 (e vice e versa).

Habilidade - Lazer				
Comportamento	0	1	2	3
Participa de eventos (festas de aniversário, etc.)				
Sai com amigos (shopping, restaurante, cinema)				
Sai junto com os pais (shopping, restaurante, cinema)				
Sai sozinho (shopping, restaurante, cinema)				
Tem atividades de esporte como lazer (futebol, ballet, etc.)				
Convida amigos para ir em casa				
Vai à casa de amigos				
Gosta de viajar				
Assiste filme/séries				
Usa tecnologia como lazer				

Total:

Habilidade – Interações – grupo e pares				
Comportamento	0	1	2	3
Abordar os pares apropriadamente				
Lida bem com regras				
É influenciado por pares ou grupos com facilidade*				
Interage em redes sociais				
Interage em grupos/conversas de WhatsApp				
Entende quando perde em alguma situação (jogo, etc.)				
Tem dois ou mais **grupos** distintos de amigos				
Em uma roda de conversa consegue expor sua opinião				
Há ou houve interesse amoroso por alguém				
Recebe com tranquilidade novos integrantes em um grupo				

Total:

* Para os itens em cinza e com asterisco (*) a pontuação deve ser feita na **ordem inversa.**

Ex.: Se pontuado 0, registra-se 3 (e vice e versa).
Se pontuado 1, registra-se 2 (e vice e versa).

Habilidade – Emocional				
Comportamento	0	1	2	3
Chora com frequência*				
Se isola com frequência*				
Se irrita com facilidade*				
Se frustra com facilidade*				
Apresenta alterações na alimentação*				
Apresenta alterações no sono*				
Apresenta comportamentos heterolesivos*				
Apresenta comportamentos autolesivos*				
Apresenta comportamentos ansiosos*				
Apresenta comportamentos deprimidos*				

Total:

* Para os itens em cinza e com asterisco (*) a pontuação deve ser feita na **ordem inversa.**

Ex.: Se pontuado 0, registra-se 3 (e vice e versa).
Se pontuado 1, registra-se 2 (e vice e versa).

INSTITUTO SINGULAR
MAYRA GAIATO

Agradecimentos

Este livro é o resultado de um esforço conjunto, fruto da colaboração e dedicação de diversas pessoas comprometidas com o avanço do conhecimento e o cuidado no campo do autismo.

Gratidão a todos os membros do laboratório de pesquisa do Instituto Singular, cujo comprometimento científico e ético norteou cada etapa deste estudo, garantimos que este trabalho seja uma contribuição relevante para a comunidade científica e para os profissionais que lidam com adolescentes no espectro autista.

Gostaríamos de expressar nosso profundo agradecimento a todos os colaboradores do Instituto Singular, que com dedicação e expertise, contribuíram com suas valiosas ideias e análises ao longo da pesquisa.

Nossa gratidão especial vai para os pacientes e suas famílias, que, com sua participação e confiança, permitiram que este material fosse criado com base em experiências necessidades reais, proporcionando uma abordagem mais humana e precisa no atendimento.

Por fim, dedicamos este livro a todos os profissionais que, com sua prática diária, lutam por um futuro mais inclusivo e compreensivo para pessoas no espectro do autismo.

Sobre os autores

Dra. Marina Zotesso
Doutora e Mestre em Psicologia
CRP 06/125879

Doutora e Mestre em psicologia pelo Programa de Pós-Graduação em Psicologia do Desenvolvimento e Aprendizagem com ênfase em desenvolvimento: comportamento e saúde pela Universidade Estadual Paulista Júlio de Mesquita Filho (UNESP), campus de Bauru. Psicóloga graduada pela Pontifícia Universidade Católica de Minas Gerais, com ênfase em prevenção e promoção da saúde. Possui MBA em Gestão Estratégica de Pessoas, Aprimoramento em Terapia Analítico Comportamental e Pós-Graduação em Neuropsicologia. Pós- Doutoranda pela Universidade de São Paulo (FOB USP). Docente e Pesquisadora, atua como analista do comportamento, com ênfase na adolescência no Transtorno do Espectro Autista (TEA).

Mayra Gaiato
Psicóloga e Neurocientista
CRP 06/80987

É mestre em Análise do Comportamento (ABA), neurocientista pela FMUSP, formada no Modelo Denver de Intervenção Precoce pelo Mind Institute (UC Davis) e pós-graduada em Infant-Parent Mental Health pela University of Massachusetts.

Em 15 anos, capacitou mais de 10 mil pessoas no Brasil e no exterior, publicou 3 livros sobre autismo e possui o maior canal do YouTube das Américas sobre autismo infantil.

Dr. Rodrigo Silveira
Médio Psiquiatra
CRM-SC 20858

Médico pela Fundação Universitária do Rio Grande, especialista em psiquiatria pela PUC-RS e reconhecido pela ABP. Pós-graduado em Saúde Mental Infância e Adolescência pela UNIFESP/UPE e mestre em Saúde Coletiva pela UNESC.

Formado como facilitador do Cultivating Emotional Balance (CEB) pelo Hospital Israelita Albert Einstein. Atua com foco em desenvolvimento infantil e neurociências do autismo.

Lidiane Ferreira

Psicóloga
CRP 06/117043

Psicóloga e diretora do Instituto Singular, coordena capacitações para pais e profissionais, visando a autonomia de crianças com TEA. Pós-graduada em ABA pela UFSCar, possui aprimoramento em TCC e formação no modelo Denver de intervenção precoce pelo Mind Institute.

Copyright © 2024 by Instituto Singular, *Rastreio Comportamental para Adolescentes Autistas*. Inc. Licença exclusiva para publicação cedida à nVersos Editora. Todos os direitos reservados.

Diretor Editorial e de Arte
Julio César Batista

Coordenação Editorial
Carlos Renato

Produção Editorial e Editoração
Juliana Siberi

Revisão
Matheus Monteiro Molina

Capa
Elle Fortunato

Dados Internacionais de Catalogação na Publicação (CIP)
(Câmara Brasileira do Livro, SP, Brasil)

Rastreio comportamental para adolescentes autistas
: análise de habilidades e checklist singular/ Marina Zotesso... [et al.]. – São Paulo : nVersos Editora, 2024

Outros autores: Mayra Gaiato, Rodrigo Silveira, Lidiane Ferreira
ISBN 978-85-54862-86-2

1. Avaliação psicológica 2. Crianças e adolescentes – Saúde 3. Psicoterapia 4. TEA (Transtorno do Espectro do Autismo) – Tratamento 5. Terapias complementares I. Zotesso, Marina. II Gaiato, Mayra. III. Silveira, Rodrigo. IV Ferreira, Lidiane

24-229740   CDD-616.85882

Índice para catálogo sistemático

1. TEA : Transtorno do Espectro Autista : Neurodiversidade 616.85882

Eliane de Freitas Leite – Bibliotecária – CRB 8/8415

1ª edição – 2024
Esta obra contempla o Novo Acordo Ortográfico da Língua Portuguesa
Impresso no Brasil
Printed in Brazil

nVersos Editora
Rua Cabo Eduardo Alegre, 36
01257060 – São Paulo – SP
Tel.: (11) 3995-5617
www.nversos.com.br
nversos@nversos.com.br